PRÉ-ESCOLA DE NATAÇÃO

Dados Internacionais de Catalogação na Publicação (CIP)
(Câmara Brasileira do Livro, SP, Brasil)

Turchiari, Antonio Carlos
Pré-escola de natação - Antonio Carlos Turchiari. — São
Paulo: Ícone, 1996. — (Natação em academias)

ISBN 85-274-0405-2

1. Natação para crianças I. Título. II. Série.

96-1666
CDD-797.21024054

Índices para catálogo sistemático:

1. Natação para criança: Esporte
797.21024054

ANTONIO CARLOS TURCHIARI

PRÉ-ESCOLA DE NATAÇÃO

ícone
editora

© Copyright 1996,
Ícone Editora Ltda.

Série Natação em Academias

Apoio SEEAATESP
*Sindicato dos Estabelecimentos de Esportes aquáticos,
aéreos e terrestres do Estado de São Paulo*

Coordenador
Prof. Gilberto José Bertevello

Colaborador
Prof. Paulo Henrique Bonacella

Diagramação
Rosicler Freitas Teodoro

Revisão
Vilma Maria da Silva

Proibida a reprodução total ou parcial desta obra, de qualquer
forma ou meio eletrônico, mecânico, inclusive através de
processos xerográficos, sem permissão expressa do editor
(Lei nº 5.988, 14/12/1973).

Todos os direitos reservados pela
ÍCONE EDITORA LTDA.
Rua das Palmeiras, 213 — Sta. Cecília
CEP 01226-010 — São Paulo — SP
Tels. (011)826-7074/826-9510

Índice

Prefácio 7
Apresentação 9
Introdução 11

Capítulo 1
Acompanhando o desenvolvimento 13

Capítulo 2
Analisando uma escola de natação 19

Capítulo 3
O professor 27

Capítulo 4
Trabalho de adaptação 31

Capítulo 5
Flutuação 49

Capítulo 6
Domínio total do corpo na água 63

Capítulo 7
Deslocamento sem auxílio de apoio dos pés no fundo ... 69

Capítulo 8
Adaptação e deslocamento em piscinas
com maior profundidade 73

Prefácio

Falar sobre natação é muito fácil, gostoso e gratificante. Ao aceitar o convite da Ícone Editora para coordenar esta edição de livros sobre natação, busquei no mercado, não os profissionais de maior evidência ou de nomes já consagrados. Após dividir os assuntos a serem desenvolvidos, pesquisei junto às academias os profissionais que maiores resultados obtinham com o objetivo estabelecido pelo tema proposto.

A pré-escola de natação nada mais é do que a adaptação ao meio líquido, à ambientação ao novo espaço escolhido e à socialização de um novo grupo de amigos, com interesses específicos em comum, facilitando o trabalho do profissional.

Porém, esse trabalho estará prejudicado se não houver o devido cuidado com alguns pontos que podem parecer inexpressivos não no primeiro momento, mas que são de fundamental importância para o resultado final.

A natação executada em quatro estilos, corretos e eficientes, só será possível se esse trabalho de base estiver alicerçado em sólidos princípios. Daí a opção pelo professor António Carlos Turchiari (*Peninha*), que desde seu início de carreira como técnico de natação do Clube Espéria, e baseado também na sua experiência de atleta, preocupou-se com o bem-estar do ser humano antes de ser transformado em competidor, filosofia que o levou à coordenação e direção técnica da Academia Santana Ativa Ginástica e Natação, em São Paulo.

Fazer gostar da água e do local que freqüenta é tão ou mais importante do que nadar corretamente. O objetivo é fazer gostar de natação e não ser um competidor.

Profissional, competente, indivíduo consciente da capacidade dos alunos, este é o *Peninha* que transmite ao leitor a sua experiência e o sucesso do seu trabalho.

Prof. Gilberto Bertevello

Apresentação

Antes de evidenciar os quatro estilos reconhecidos internacionalmente como as melhores maneiras de nadar, normalmente em competições, o indivíduo passa obrigatoriamente por algumas fases de condicionamento que o habilitem ao nado propriamente dito.

Esse trabalho é desenvolvido com extremo cuidado, respeitando-se a potencialidade de aprendizado da criança, na faixa dos 3 aos 6 anos. Esse cuidado é a base que se busca para a natação consciente e segura, por isso o título de Pré-Escola de Natação.

Tendo em vista o objetivo deste trabalho, limitei-me a descrever em linhas gerais uma metodologia prática e simples a ser desenvolvida nas entidades envolvidas com natação e, também, para os professores de Educação Física, além dos autodidatas. Essa praticidade foi adquirida durante os vários anos de experiência, com entidades envolvidas na área de natação, além de cursos específicos, nacionais e internacionais.

Pretendo, num próximo trabalho, apresentar sua continuidade, enriquecida de novas experiências.

Antonio Carlos Turchiari (Peninha)

Introdução

O que é pré-escola em natação?

É um conjunto de atitudes, técnicas e práticas, aplicadas a crianças na faixa etária dos 3 aos 6 anos, para iniciar o desenvolvimento de uma ou várias atitudes. Essa iniciação também poderá ser utilizada em adultos, adequando o trabalho conforme a faixa etária. Assim, esclarecemos com poucas palavras uma das metodologias desenvolvidas em natação.

Existe uma série de princípios básicos desenvolvidos por outros colegas, que devem ser interpretados e analisados como parte de um conjunto de informações, capazes de influenciarem a atuação do professor de Educação Física.

Deste modo, estaremos dando um grande número de estímulos àqueles que buscam para si ou para seus filhos uma liberdade em todos os sentidos relacionados com o meio líquido.

Os alunos recebem informações compatíveis com o seu amadurecimento mental (inteligência), físico (motor) e sócio-afetivo (emocional). São capazes de aprimorar simultaneamente o rendimento sem prejudicar sua motivação.

Pré-escola em natação é, portanto, um dos pontos mais importantes à serem desenvolvidos, a fim de que nessa fase realizem-se todas as suas possibilidades e características voltadas para a ambientação ao meio, além de adquirir habilidades complementares e básicas indispensáveis para o desenvolvimento global em natação.

É muito difícil descrever situações reais que envolvam uma iniciação em natação, e ter como pretensão a filosofia ideal a ser adotada; assim, caberá ao profissional da área adequar a real situação, fazendo com que o aluno possa evoluir, como também a si mesmo.

Capítulo 1

Acompanhando o Desenvolvimento

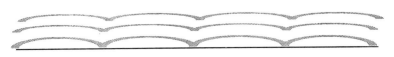

Os profissionais militantes na área de natação — professores de Educação Física — devem preocupar-se em adequar as atividades para atingir os objetivos determinados, sem prejudicar o desenvolvimento da criança.

Deve-se elaborar uma progressão, partindo-se de uma devida adaptação ao meio líquido, passando posteriormente à aprendizagem e, conseqüentemente, ao aperfeiçoamento e treinamento.

Para definirmos qual é o tipo de trabalho a ser desenvolvido, é necessário conhecimento adequado, compatível com a faixa etária, para que as modificações provocadas pelo desenvolvimento das atividades sejam criteriosamente adequadas e constantemente avaliadas, para não se perderem no contexto.

O professor atuante de Natação deve considerar a *individualidade* como princípio básico. A idade, sexo e maturação atuam em conjunto com a psicomotricidade, determinando todo trabalho de adaptação, aprendizagem e demais conseqüências das atividades propostas.

Além desses fatores, soma-se a experiência do professor, pois, com sua sensibilidade, dará equilíbrio consciente entre a tentativa de chegar à adaptação ou outro objetivo proposto.

Antes de entrarmos em análise mais profunda, há necessidade de expor características do desenvolvimento mental (inteligência), físico (motor) e sócio-afetivo (emo-cional) da criança, desde seus primeiros dias até por volta dos 6 (seis) anos, em uma rápida análise dos estágios de desenvolvimento.

Essa análise será feita através de uma tabela de desenvolvimento publicada pela revista *Máxima* em 1989 (ver tabelas).

As situações da devida adequação acompanham o desenvolvimento da criança também na natação; permitem à criança vivenciar noções de intensidades diferentes, velocidades irregulares, domínio corporal no meio ambiente diferente (água), além de desenvolver uma maior sensibilidade em suas percepções relacionadas com o espaço, tempo e objetivos a que estão sendo submetidas.

Se cabe à pré-escola preparar as bases fundamentais para a criança ter acesso à leitura, à escrita e ao cálculo, é evidente trabalhar com noções de tempo e as características físicas dos objetos, chegando às noções lógicas de classificação, seriação e conservação.

Essas noções podem ser desenvolvidas num corpo em movimento, como sugere Freire (1989), próprio daquele encontrado na criança no transcorrer da dinâmica das atividades aquáticas.

O conhecimento dessas evoluções é essencial para o devido relacionamento entre adulto e criança transcorrer em sintonia.

Assim, fica mais fácil ao professor de Educação Física e aos adultos compreenderem os "porquês" dos comportamentos infantis serem heterogêneos e, ao mesmo tempo, facilita às crianças maior capacidade de desenvolverem-se.

Vistos esses pontos, poderemos tecer comentários mais específicos.

A faixa etária da pré-escola, trabalho de base em natação, situa-se entre 3 e 6 anos, podendo às vezes existir uma diferença de mais ou menos um ano.

TABELA DE DESENVOLVIMENTO

IDADE	MENTAL (inteligência)	FÍSICO (motor)	SÓCIO-AFETIVO (emocional)
1 mês	Agarra o que for colocado na palma da mão.	Comanda o pescoço, virando a cabeça para o lado.	Conhece a voz da mãe. Chora por dor, fome ou desconforto.
2 meses	Começa a descobrir a luz	Vira as costas, mantém a cabeça freqüentemente para trás e, se ouve ruído, volta-se para o lado.	Pára de chorar quando ganha. Já esboça algumas emoções no rosto.
3 meses	Procura com os olhos os objetos que lhe são mostrados e retirados do seu campo de visão. Reage combinando os sentidos da visão e audição. Emite os primeiros sons.	Quando deitado de bruços, controla e levanta a cabeça.	Corresponde com sorriso ao carinho das pessoas.
4 meses	Descobre suas mãos. Balbucia sons de vogais (a, e, u). Já segura firmemente os objetos, examina e leva-os à boca.	Deitado de bruços, apóia-se nos cotovelos. Quando no colo, mantém a cabeça erguida.	Dá risada alta e espontânea, independente dos esímulos de terceiros.

TABELA DE DESENVOLVIMENTO — (Continuação)

IDADE	MENTAL (inteligência)	FÍSICO (motor)	SÓCIO-AFETIVO (emocional)
5 meses	Nota a diferença entre cores, desde que bem vivas.	Rola na cama quando virado de bruços. Tenta levantar, apoiando-se na palma das mãos.	Solta gargalhadas. Percebe ambientes novos e acompanha a movimentação das pessoas no quarto e em outros espaços.
6 meses	Explora tudo ao seu redor: apanha objetos, aperta, bate. Tenta vocalizar as primeiras vogais e consoantes.	Vira-se para trás e para frente, sentando ainda com apoio. Geralmente os dentes começam a nascer.	Já se mostra aborrecido quando insatisfeito. Reconhece os familiares e sabe identificar a presença de estranhos.
9 meses	Começa a revelar sua personalidade. Pode apanhar dois brinquedos, um em cada mão, sem perder o equilíbrio. Imita expressões faciais e tonalidades de voz.	Engatinha, rola e senta-se sozinho. Quando suspenso com os pés no chão, faz movimentos para andar; se apoiado, permanece de pé.	Gosta e se alegra com a companhia dos outros. Faz graça e se diverte, feliz, com brinquedos e objetos.
12 meses	Mostra preferência por uma das mãos. Atira objetos propositalmente no chão. Compreende uma ordem. Articula ao menos 4 palavras.	Ensaia os primeiros passos sozinho. Fica de pé amparado.	Fica encabulado na presença de estranhos. Ajuda quando o vestem. Segura copos para beber e, muitas vezes, tenta usar a colher.

TABELA DE DESENVOLVIMENTO — (Continuação)

IDADE	MENTAL (inteligência)	FÍSICO (motor)	SÓCIO-AFETIVO (emocional)
15 meses	Faz gestos para pedir o que quer. Responde a frases familiares. Insiste em fazer tudo sozinho, introduzindo dedos em buracos. Pronuncia 4 a 6 palavras.	Anda sozinho, mesmo cambaleando. Sobe degraus.	Entusiasma-se com objetos do seu agrado e fica zangado caso os tirem dele.
18 meses	Mexe em tudo. Compreende proibições e diz 5 a 10 palavras.	Desajeitado ainda, anda e corre sozinho, além de subir em cadeiras. Controla a evacuação.	Presta atenção à música. Solicita ajuda quando em dificuldade. Demonstra afeto em contato com bonecos.
2 anos	Nomeia objetos do dia-a-dia. Forma pequenas frases com verbo e pronome, sendo capaz de repetir novas palavras.	Corre, chuta bola, sobe escada, anda de triciclo. Controla parcialmente a bexiga e totalmente a evacuação. Completa a dentição.	Manifestação de ciúme. Não divide seus brinquedos. Interessa-se mais por histórias. Torna-se mais vaidoso.
3 anos	Mais independente, libera seu raciocínio, pois adquire bom vocabulário, identificando, classificando e comparando os objetos.	Anda e corre à vontade com segurança. Controle total da bexiga.	Curioso, entra na fase dos porquês. Imita os adultos. Pode demonstrar ciúme do relacionamento dos pais.

DESENVOLVIMENTO HUMANO — NASCIMENTO À ADOLECÊNCIA. RESUMO DO QUADRO EXPOSTO POR SAMUEL PFRON NETO, EM SEU LIVRO *PSICOLOGIA DA ADOLESCÊNCIA*

Estágio de desenvolvimento	Infância Inicial 3 a 6 anos
Crescimento fisiológico e motor	Aquisição de padrões motores ontogênicos, declínio de ritmo de crescimento fisiológico.
Relação de dependência e independência	Ajusta-se a atenção, menos restrita, torna-se fisicamente independente, embora permaneça dependente emocionalmente.
Dar e receber afeição	Desenvolve a capacidade de dedicar afeição e aprende a compartilhá-la
Relação com grupos sociais mutáveis	Começa a desenvolver a capacidade de interagir com companheiro da mesma idade, ajusta-se à expectativa de família, alimenta seu respeito como membro da unidade social
Desenvolvimento da consciência	Desenvolve a capacidade de receber ordens e a de ser obediente na presença de autoridade
Aprendizagem do papel psico-social biológico	Aprende a identificar-se com o papel masculino e feminino do adulto
Aceitação de um corpo em transformação e ajuste do mesmo	Ajusta-se às expectativas resultantes do próprio desenvolvimento da capacidade muscular, desenvolve o pudor sexual.
Aprendizagem, compreensão e controle do mundo físico	Satisfaz as espectativas resultantes do próprio desenvolvimento da capacidade muscular e desenvolvimento do pudor sexual.
Desenvolvimento de um sistema de símbolos e de capacidades conceptuais	Aperfeiçoa o uso de símbolos, nomes, elaboração do padrão conceptual
Realização do indivíduo com o cosmo	Desenvolve uma noção genuína, embora não crítica do cosmo

Capítulo 2

Analisando uma escola de natação

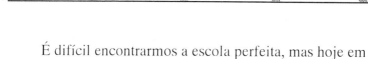

É difícil encontrarmos a escola perfeita, mas hoje em dia existem locais específicos para essa finalidade, de acordo com a nossa perspectiva.

a) Custos — atualmente sabemos ser o fator inicial mais delicado, pois se procura sempre o melhor por um preço mínimo, mas nessa atividade é muito difícil. A qualidade de ensino, através de professores formados em Educação Física e especializados em natação, é apenas uma pequena porcentagem dos gastos, somado aos encargos e tributos cobrados pelo governo, sem mencionar o aluguel, caso a entidade não tenha sede própria, restando ao empresário repassar os custos às mensalidades.

b) Aparência — é sempre importante, pois reflete o que a escola está se propondo a executar.

c) Recepção — as informações objetivas fornecidas podem garantir resultados satisfatórios, esclarecendo dúvidas aos visitantes, facilitando a compreensão da filosofia da escola.

d) Vestiários — devem apresentar condições mínimas para banho (boxes individuais) e local apropriado para a troca de roupa. O acesso à piscina sempre deverá ser feito pelos vestiários, facilitando a entrada e saída dos alunos. Algumas escolas possuem vestiários infantis facilitando em muito a sua utilização.

e) Uniformes — Algumas entidades utilizam maiôs e toucas padronizadas para as aulas. Para a academia é uma norma importante, pois todos os alunos, possuindo a mesma qualidade de material para a prática, evitam comparações inadequadas feitas pelos próprios alunos e responsáveis, bem como a utilização de toucas (gorros de náilon ou látex), que são indispensáveis para a higiene da piscina (referente à queda de cabelos) e, conforme a filosofia adotada, identifica qual o nível em que o aluno se encontra.

Essa divisão de níveis é muito variada pelas escolas, devido, principalmente, ao objetivo de cada fase determinada. Como sugestão:

- touca branca — adaptação;
- touca amarela — aprendizagem do nado crawl;
- touca azul-celeste — aprendizagem do nado costas;
- touca azul-royal — aprendizagem do nado borboleta;
- touca azul-marinho — aprendizagem do nado peito;
- touca verde — aperfeiçoamento dos quatro estilos;
- touca vermelha — treinamento.

f) Piscina:
- dimensões: não existe tamanho ideal e sim um tamanho médio (em torno de 5 a 8 m de largura por 7 a 12 m de comprimento);
- profundidade: o ideal seria ser crescente, iniciando com 0,30 m, posteriormente com 0,45 m e 1 m, passando-a para o declive até 1,3 m;

Área ao redor da piscina

É importantíssimo ter um espaço mínimo, para efeito de segurança, em torno de 1,5 m, e também para maior facilidade de circulação.

Nota: Algumas escolas apresentam plataformas colocadas em piscinas, a fim de diminuir a profundidade, facilitando o deslocamento das crianças nas aulas iniciais. Esta plataforma deverá ser feita de material plástico (acrílico ou com tubos de PVC), com tamanhos não superiores a 1 m de largura por 2 m de comprimento, sendo a altura conforme a necessidade.

fotografia de uma plataforma

Temperatura d'água

Um dos fatores controvertidos, por causa das faixas etárias, além da região em que se localiza a entidade. Existem escolas que determinam a temperatura de acordo com a variação externa do clima. Não podemos esquecer de verificar a circulação de ar dentro do recinto da piscina. Possuir uma distância mínima de 5 m entre o chão e a cachoeira (telhado) minimiza a umidade no ambiente, além de possuir janelas que facilitem a circulação de ar.

Normalmente a temperatura d'água deve-se situar em torno de 32 °C, para a faixa etária dos 3 a 5 anos, a fim de facilitar a descontração muscular da criança.

Para idades superiores, deve-se permanecer em 29 a 30 °C, devido ao desgaste das atividades, maior em intensidade e permanência ao meio líquido.

Ambiente no recinto da piscina

Torná-lo uma extensão do "mundo infantil" com paisagens e personagens compatíveis com a faixa etária facilitará o desenrrolar das atividades, principalmente nesta fase inicial de adaptação.

Material pedagógico

Auxilia ambas as partes (professor/aluno), descontraindo as crianças nas aulas iniciais, como brinquedos pedagógicos, passando a serem utilizados como material auxiliar devendo ser diversificados e antitóxicos.

Número de alunos por professor

Conforme a linha de trabalho desenvolvida pela escola (aliada às condições profissionais, além da piscina), poderíamos dar como exemplo:

Para crianças de 3 e 4 anos, em piscina com profundidade máxima de 0,75m, seria em torno de quatro crianças por professor, sem a utilização de flutuadores de braços; com flutuadores, em piscinas com profundidade superior a 0,75m, esse número deverá ser diminuído para três.

Há divergências quanto ao uso de flutuadores nos braços, em piscinas com maior profundidade, pois causam dependência nos alunos, mesmo quando os professores os murcham conforme o rendimento da criança; estende em demasia o trabalho de adaptação.

O correto seria as escolas possuírem piscinas tecnicamente pedagógicas, ou seja, com graduações de profundidade, facilitando a autoconfiança das crianças.

Para crianças de 5 e 6 anos o número poderá ir até seis por professor, sem a utilização de flutuadores, em uma piscina com profundidade máxima de 0,75 m.

com flutuador

sem flutuador

Nota: O número de alunos mencionado anteriormente é para cursos pré-determinados com datas de início e fim; como as academias não utilizam esse expediente, devido à constante entrada de novos alunos, deve-se observar a metodologia de trabalho, pois o número excessivo de alunos prejudicará o rendimento, como também a diferença de nível dos alunos (relacionados com a adaptação). O aconselhável é estabelecer horários de turmas iniciantes e avançados.

Duração das aulas

Para 3 e 4 anos, o tempo não deverá ultrapassar a 30 (trinta) minutos, sendo a aula propriamente dita somente de 25 (vinte e cinco) minutos, deixando o final para a recreação e ou descontração, obviamente supervisionadas pelo professor.

Para 5 e 6 anos, a duração das aulas não deve ser superior a 45 (quarenta e cinco) minutos, sendo 35 (trinta e cinco) minutos de atividades dirigidas e o restante para recreação.

Horários das aulas

Período da manhã, se houver possibilidade de as crianças de 3 e 4 anos se situarem num horário que não interfira em suas refeições e atividades escolares. Seria entre 9:00 e 10:30 h, e à tarde entre 15:00 e 17:00 h.

Crianças de 5 e 6 anos, seria, para o período da manhã, entre 8:00 e 11:00 h e à tarde entre 15:00 e 18:00 h, respeitando sempre suas refeições e atividades escolares.

Comentários: *Devido às atividades dos responsáveis, percebemos preferência por horários após o período escolar, facilitando, é óbvio, no transporte e no tempo disponível.*

Não podemos deixar de criticar tal conduta, pois essas situações interferem na aprendizagem da criança, que esta-

rão sendo submetidas a horas ininterruptas de atividades diferentes, sem o devido descanso físico e mental.

Freqüência semanal

O ideal, na fase inicial, seria de três e no mínimo duas vezes por semana. Outro detalhe importante é evitar aulas duplas (dobradas), como normalmente acontece, por falta de tempo.

Sugestões: *Durante o período de escolha em qual academia estará matriculando a criança, deverá ser evitada a ansiedade excessiva, principalmente por parte dos pais e ou responsáveis, naturalmente demonstrada. Fazer com que receba essa nova opção de atividade de maneira espontânea facilitará a ambos em seu desenvolvimento.*

Outro comportamento questionável é negociar com a criança troca de valores, ou seja, "se você fizer tal atividade, dou-lhe isso ou aquilo". Nesses parâmetros chega-se em determinado momento à não-aceitação, por parte delas, devido ser essa troca ou recompensa insuficiente. Assim, a melhor alternativa sempre é expor a situação como realmente é, evidenciando os aspectos positivos e negativos.

Essas considerações estabelecem prioridades, mas são apenas para auxiliar na sua decisão.

Capítulo 3

O professor

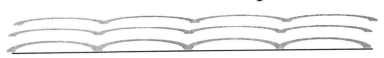

Antes de ser professor, o profissional deverá ter concluído o curso de Educação Física e principalmente estar familiarizado com o meio, pois existem alguns pontos a serem definidos por ele próprio, professor, que são:

a) ter conhecimento suficiente para desenvolver uma aula de natação;

b) saber nadar corretamente os quatro estilos e ter condicionamento físico compatível para a atividade;

c) os procedimentos a serem adotados com alunos, durante as aulas em diferentes faixas etárias, num meio ambiente estranho ao qual está acostumado, tentando aprimorar uma qualidade ainda não desenvolvida, devendo ser consciente e progressivo;

d) sua liderança e ascendência com os alunos é enorme, bem como o inverso pode prejudicar sua carreira, ou seja, um gesto inoportuno ou uma solicitação descabida, jogam por terra todo o trabalho feito anteriormente;

e) ser o primeiro a chegar ao local da aula, para poder recepcionar os alunos e ser o último a sair, depois de despedir-se da turma;

f) deixar todos os materiais em seus respectivos locais e em ordem;

g) ser criativo e solucionar os problemas com rapidez e eficiência;

h) auxiliar sempre que necessário seu colega sem que este o peça;

i) vestir-se adequadamente, usando o uniforme da escola (se possuir), mesmo que entre ou saia da água;

j) evitar dialogar em demasia, ser breve e objetivo para que os alunos o entendam facilmente;

k) durante as aulas, tentar ser e ter toda a atenção possível da parte dos alunos;

l) memorizar o nome dos alunos;

m) estar sempre disponível para executar a atividade com o aluno (demonstração), mesmo nos dias em que a temperatura externa esteja baixa;

n) entre colegas, relacionar-se adequadamente, tentando em conjunto chegarem a um padrão de atitudes, mantendo um ambiente harmonioso*.

Dentro desses itens citados, existe um, não mencionado: gostar do que está fazendo e fazê-lo bem.

Somente com dedicação exclusiva poderá vir a ser um profissional qualificado.

Feita uma análise do papel do professor e, principalmente, estar consciente das suas possibilidades, ele deverá adotar um conceito de atitudes e obrigações impostas por si próprio e, posteriormente, estar de acordo com a filosofia da academia em relação aos alunos.

Procedimentos com alunos e responsáveis

O professor, ao receber a criança, deverá inicialmente dirigir-se ao responsável ou acompanhante para as apresentações e fazer considerações complementares, ou seja:

• reforçar as informações com maiores detalhes nos procedimentos das aulas fornecidas na recepção;

---

* (Extraído da Apostila *Procedimentos para a Recepção de uma Academia de Natação*, do Prof. Gilberto José Bertevello).

• comunicá-los a respeito das aulas (iniciais), da necessidade da sua presença no recinto da piscina ou até a entrada na água junto com a criança para familiarizar-se com o professor;

• em relação às crianças que já se adaptaram com o professor, a presença do responsável somente será necessária em casos excepcionais, e mesmo assim quando for solicitado.

A presença dos pais ou dos responsáveis assistindo às aulas, às vezes, pode se tornar embaraçosa para a criança libertar-se e desenvolver uma relação de amizade, atenção, confiança e carinho com o professor.

Para níveis mais avançados, pais e/ou responsáveis devem restringir a permanência ao assistirem às aulas pelos visores. Existem tendências de comparações equivocadas de rendimento, entre aqueles que estão tendo aula com seu filho, além de analisar a atuação do professor, criando sempre situações constrangedoras.

É mais difícil fazer com que os pais compreendam a filosofia do trabalho desenvolvido do que ensinar as crianças, além de como não desviar a atenção da criança durante as aulas.

O papel do adulto estando presente, mas ao mesmo tempo ausente (permanecer na sala de espera ou ainda longe dos visores), deve ser feito como parte da aprendizagem, pois no momento em que escolheu essa academia, devemos deixá-la desenvolver sua metodologia e dar à criança a possibilidade de começar a resolver seus próprios problemas.

Sabemos que é dificílimo mudar esse tipo de comportamento por parte dos acompanhantes, mas torna-se necessário devido às próprias circunstâncias envolvidas, visto que, com a sua presença, assistindo às aulas diariamente, impõe atuações inconscientes, por parte da criança, inibindo de certa forma a autoridade do professor e/ou ainda em não poder executar determinadas tarefas sem prévia autorização.

Algumas academias usam o expediente de permitir aos adultos assistirem a uma ou duas aulas no mês (semana da avaliação), e aproveitam para mostrar ou dialogar através de uma ficha de avaliação individual, de como se situam na progressão do trabalho desenvolvido, tornando-se visível assim a evolução da aprendizagem.

As críticas referentes a esse comportamento das escolas devem ser encaradas como uma das formas corretas de atuação, não querendo, é óbvio, proibir a oportunidade dos responsáveis de participar da evolução da criança, mas vistas como condições para as aulas serem desenvolvidas.

Se no primeiro contato, da criança e professor, ocorrer um imprevisto, a não-aceitação da criança ao professor, dificultando seu entrosamento ou ainda em ter passado por uma experiência negativa, deve-se não levar em considera-ção. Tentar colocá-la num horário com menor número de alunos, dando-lhe maior atenção, não deixando a criança em situações constrangedoras, auxiliará em muito o desenrolar das atividades.

Capítulo 4

Trabalho de adaptação

Reconhecimento do ambiente externo e interno da piscina

Ao iniciarmos as atividades teremos como objetivos fundamentais a ambientação ao local em que irá desenvolver-se a aprendizagem, tanto externa (ao redor da piscina) quanto no meio líquido.

Inicialmente, o professor deve reconhecer o local junto com a criança e sentir a necessidade de que o acompanhante (responsável) também participe deste momento, pois quanto menores forem as dificuldades encontradas no contato inicial, maior será a facilidade de entrosamento.

Auxiliar a criança pela mão, apresentando e mostrando todo o local sem entrar na água é importantíssimo, pois estaremos facilitando o domínio por parte da criança de um novo ambiente.

Repetindo-se a apresentação do ambiente com auxílio do professor na segunda e terceira aula respectivamente, através de formas lúdicas, enfatiza mais o contato e domínio com seu novo espaço.

Apresentação da piscina

Normalmente os profissionais recepcionam a criança dentro d'água, trazida pela mãe ou acompanhante; esse procedimento poderá ser considerado normal, com algumas restrições, se a mesma já estiver familiarizada com o ambiente.

Qual será o procedimento correto? Dependerá exclusivamente das crianças. Pois mesmo que se adote a filosofia determinada pela escola, às vezes poderá não ser a ideal. O professor, caso esteja dentro d'água na primeira aula e não ocorrer incompatibilidade, deverá continuar com as mesmas atitudes; caso contrário, deverá sair e receber a criança, questionando inicialmente seu responsável, a fim de familiarizar-se progressivamente com a criança, e posteriormente reconhecer o local das atividades, tanto externo quanto interno. O auxílio do professor nessa fase, participando da atividade, fará sempre com que a criança tenha mais confiança nas suas ações.

Entrada na piscina

1) Sentar a criança na borda, com os pés para fora da piscina. Incentivar a criança, verificar qual é a temperatura da água ou ainda sentir curiosidade de certificar-se de "como é a água", tocando-a com os pés.

2) Em decúbito ventral (barriga para baixo), deixá-la tocar com os pés na água.

3) Deslizar com o abdome (barriga) voltado para baixo, fazendo com que membros inferiores, tronco e membros superiores entrem na piscina progressivamente. É importante ao professor, estando dentro da água, que faça esse procedimento ser o mais confortável possível, evitando atrito entre abdome e solo.

4) Executar o procedimento anterior sozinho. Durante as próximas aulas de adaptação, esse deverá ser o procedimento até a criança fazê-lo sozinha.

Nota: Esta seqüência também deve ser feita para crianças com maiores dificuldades, mesmo em faixa etária superior.

Reconhecimento da piscina

Com a piscina possuindo uma profundidade superior a 0,75 m deveremos criar condições para a criança ficar com os pés apoiados no fundo (chão da piscina, utilizando-se de plataformas); assim, ela terá facilidade de caminhar, superando o auxílio do professor, progressivamente.

1) Passeio inicial de reconhecimento — poderá ser feito com ambas as mãos à borda, progredindo-se lateralmente.

2) Passeio de reconhecimento sem auxílio — aos poucos a criança adquire confiança, desprendendo naturalmente as mãos da borda. Caso não aconteça, deveremos incentivá-la a fazer com apenas uma das mãos apoiadas, finalizando sem auxílio.

3) Deslocamentos mistos — há necessidade de a criança deslocar-se em todas as direções; assim, poderemos fazer que haja recreações dirigidas simples, como:
- seguir o mestre;
- empurrar ou puxar qualquer objeto;
- trenzinho, levar o carrinho para passear na superfície da piscina, etc.

Assim a criança, ganhando autoconfiança, estará apta para avançar no aprendizado. Caso aconteçam alguns imprevistos, como tropeçar e cair (engolir água), deverá ser encarado normalmente, mas sempre como parte do aprendizado.

Controle respiratório

Antes de solicitarmos à criança executar atividades mais específicas, devemos conscientizá-la da respiração (entrada do ar nos pulmões deverá ser feita pela boca — inspiração, e a saída, pela boca, nariz ou ambos — expiração).

Essa conscientização poderá ser feita com exercícios dirigidos, através de materiais simples, como bexigas, canudos com pequeno diâmetro, bolas de pingue-pongue ou ainda cachimbo de brinquedo com bolinha (através da expiração controla-se a elevação da bolinha).

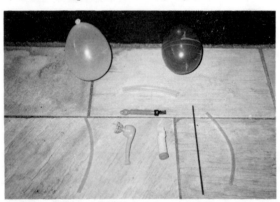

Esses exercícios devem ser ministrados com a criança em pé e dentro da piscina, em contato com a água, podendo ser estacionário ou com deslocamento.

Dar maior liberdade de movimentos, familiarizando a criança para possuir maior domínio e controle respiratório voluntariamente, é o objetivo primordial. Algumas crianças podem apresentar dificuldades ocasionadas por problemas internos, como desvio de septo, e ou obstrução parcial das vias respiratórias, etc.. Assim caberá ao professor tentar detectar, comunicando aos responsáveis, a fim de tomarem as devidas providências.

Através dessa progressão estaremos atingindo, para alguns, tanto na fase pré-escola quanto na fase adulta, as condições mínimas para colocar o rosto em contato com a água.

Contato com a água

O processo para se chegar a um resultado satisfatório do contato com a água ou, mais especificamente na adaptação, inicia-se em casa, bem antes de pensarmos em levar a criança a uma piscina.

É a fase inicial da vida, desde sua gestação, evolução no ventre materno e pós-parto, que progressivamente estará em condições de colocarmos o neném na banheira para o seu primeiro banho. O cuidado com aquela água levada ao rosto para umedecê-lo (lavá-lo) e ou ainda ao enxaguar seus cabelos. Caso os pais não tenham tido cuidado suficiente para não deixar escorrer água com *shampoo* nos olhos (mesmo os que não ardem), sempre ocasionam incômodo, ou ainda, para os (as) mais distraídos(as), em deixar o neném mergulhar na banheirinha, assustando-o.

Inconscientemente estaremos ocasionando um trauma na criança e essa sensação ficará registrada em seu subconsciente, podendo trazer problemas ao reproduzirmos essa situação numa piscina.

Para o professor é uma das tarefas mais difíceis na fase inicial da adaptação, pois a criança com experiências negativas terá certas restrições ao ser submetida a essa tarefa, chegando ao ponto de não querer vir mais às aulas.

As mães e/ou acompanhantes devem estar conscientes desse problema, colaborando com sua compreensão, pois será superado.

Tudo dependerá do comportamento da criança, além da sensibilidade do professor, criando situações diferentes e positivas, a fim de possuir um contato mais constante com a água.

Transmitir segurança à criança nessa fase é um ponto totalmente indispensável. Repetir os exercícios de adaptação ao meio líquido tornará os exercícios mais fáceis de serem executados.

Assim, poderemos exercitar as atividades já mencionadas, introduzindo o "domínio inspiratório e expiratório" em contato com a água:

1) Em pé, assoprar uma bolinha de pingue-pongue na superfície da água, caminhando em várias direções.

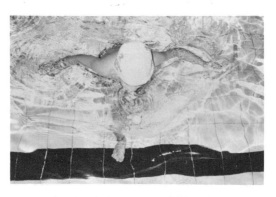

2) Caminhando, empurre com o queixo, a orelha ou com a face um objeto leve.

3) Repetir o exercício anterior, modificando o objeto para dificultar a progressão. Assim, a criança aos poucos ficará íntima com a água, passando para outras atividades mais complexas.

Submergindo (afundar) a cabeça na água

1) Lavar o rosto — hábito comum realizado em casa, só que agora com maiores quantidades de água. Observar se o procedimento é feito com os olhos abertos e com controle respiratório, inspirar o ar pela boca antes de passar a água pelo rosto e expirando posteriormente.

2) Jogar água no rosto — inicialmente com as mãos, posteriormente com objetos que retenham maior volume de água.

Nota: Deveremos certificar-nos de que a criança está sempre com os olhos abertos e faz a respiração correta.

3) Chuveirinho, chuveirão — com regador plástico de diferentes tamanhos, ou outros objetos que deixem a água escorrer sem muita intensidade, faremos com que a criança "tome um banho dentro da piscina".

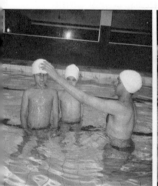  

Nota: Ao jogarmos água em quantidade, devemos fazê-lo partindo de trás (da cabeça) para a frente, progredindo em maiores quantidades.

Esse banho no início deverá ser rápido; ficará demorado após a aceitação por parte da criança.

Com a passagem da água pelo rosto em grande quantidade, a criança estará indiretamente obtendo pontos indispensáveis para a devida adaptação, ou seja: controle respiratório voluntário; inicialmente, através do bloqueio respiratório, passando à respiração ativa; verificar se a criança está com os olhos abertos e consciente dos acontecimentos ao seu redor; concomitantemente ao banho, o professor poderá fazer com que a criança pegue objetos determinados por ele ou fazer micagens com a face; e o mais importante: o aluno estará apto para afundar a cabeça.

4) Submergir a cabeça aos poucos — as mãos devem estar apoiadas na parede da piscina ou com auxílio do professor. Pés no fundo. A criança submergirá a cabeça por partes, através da flexão das pernas (não esquecendo o controle respiratório).

o queixo

a boca

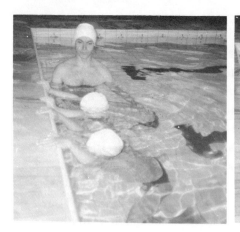 

as orelhas completamente submersas, com os olhos submersos e abertos, cobrindo o couro cabeludo

submergindo totalmente a cabeça

5) Submergir a cabeça com a expiração dentro da água — antes de executar o exercício, bloquear a respiração (inspirar o ar pela boca e retê-lo), executar os movimentos soltando o ar. Durante a atividade, expiração pela boca, nariz ou ambos, dentro da água — repetindo a seqüência anterior.

6) Submergir a cabeça, mantendo os olhos abertos — completar os exercícios com auxílio do professor executando a mesma seqüência mencionada. Evidenciar o trabalho respiratório, não esquecendo, após execução, evitar levar as mãos ao rosto.

7) Repetir o exercício anterior com apoio apenas de uma das mãos, concluindo sem auxílio (da borda da piscina ou do professor). Frisar à criança sobre a respiração correta, evitando no final levar as mãos ao rosto.

8) Progressão em deslocamento — para que a criança tenha maior confiança e comece a adquirir maior controle corporal, executar várias vezes o exercício anterior em locais diferentes.

Nota: Alguns autores citam estas atividades, a serem feitas exclusivamente à borda, repetindo todo o processo com auxílio do professor e finalizados sem ele. Aqui vale lembrar que, se a criança estiver em condições, o professor poderá ultrapassar essa fase sem prejuízo da continuidade do trabalho.

9) Pegar objetos no fundo da piscina — após total controle respiratório, a criança poderá pegar objetos no fundo, flexionando as pernas, desde que o professor esteja próximo.

10) Repetir o exercício anterior, mudando o objeto de lugar para se certificar se o aluno está com os olhos abertos.

Notas:

a) deve-se ressaltar que essa adaptação poderá se desenvolver em uma ou mais aulas. Quem realmente determinará a passagem para outras fases é sempre a criança;

b) existem infinidades de exercícios para complemento. O que vale é a criança estar consciente das suas possibilidades.

Melodias adaptadas para aulas

É uma das formas de manter a criança, inicialmente com maior atenção; e posteriormente induzi-la inconscientemente a executar determinadas tarefas que, no primeiro momento, possam ser insuperáveis, através de melodias de fácil assimilação. Assim, cada música tem um objetivo (às vezes inserido na letra e ou ainda sendo adaptadas) facilitando a memorização da criança para a atividade. Exemplos:

Apresentação — destina-se à integração inicial de aluno-professor:

Como vai, companheiro, como vai (2 vezes),
A sua presença nos atrai,
Faremos o possível parecermos bons amigos,
Como vai companheiro, como vai.....

Bom dia, boa tarde, boa noite — também para a adaptação entre ambos:

Bom dia, amigo(a), boa tarde, amigo(a),
Bom dia, irmão(ã), boa tarde, irmã(ão)
Mostre um sorriso,
Aperte a minha mão...

Cavalos trotando — aquecimentos dentro e fora da água:

Quando no frio queremos esquentar,
Põe-se os cavalos todos a trotar.
Cavalos trotando, uma pata, duas patas,

Repete-se... posteriormente acrescentando-se partes do corpo.

Dona aranha — adaptação (em seco ou na água):

A dona aranha subiu pela parede,
Veio a chuva forte e a derrubou;
Já passou a chuva,
O sol já vem saindo, e a dona aranha tornou a subir;
Ela é teimosa e desobediente,
Sobe, sobe, sobe, ...
Ela nunca está contente...

O professor complementará conforme a necessidade.

Sapão — adaptação (em seco ou na água):

Pula, pula, seu sapão; (2 vezes)
Vamos ver quem coloca (a orelha, nariz, etc.) na água...

Dedinhos — adaptação e domínio corporal:

Polegares, polegares, onde estão?
Aqui estão!!
Eles se saúdam, (2 vezes)
E se vão. (2 vezes)
Indicadores, aqui estão, aqui estão!!
Eles se saúdam, eles se saúdam!!
E se vão, e se vão...
Dedos médios, dedos médios, aqui estão? aqui estão?
Eles se saúdam, eles se saúdam, e se vão, ...

Final da aula:

Criança feliz, feliz a cantar,
Que pena que a aula já vai acabar.
Brinquedos na caixa, sacola arrumada,
Um beijo na tia e até amanhã, criançada,

Outras músicas podem ser adaptadas, modificando-se a letra e mantendo-se as melodias; o que importa é tentar adequar para um melhor entrosamento entre alunos, professores e pais.

Capítulo 5

Flutuação

O domínio do corpo na água se faz em partes, através dos deslocamentos e do trabalho em submergir a cabeça; a criança, estando com os pés apoiados no fundo, demonstra suas habilidades adquiridas, restando apenas a flutuação (manter-se na superfície sem apoio).

Assim, não se pode esquecer os objetivos propostos inicialmente em fazer a criança ter domínio corporal em todas as posições possíveis e imaginárias dentro do meio líquido.

É importantíssimo a criança, nessa fase, ter total controle do equilíbrio dos diferentes segmentos corporais, ou seja, manter o corpo numa posição vertical (em pé com apoio dos pés), passando para decúbito ventral (na horizontal com o corpo estendido, abdome voltado para baixo e o rosto na água, na superfície), retomando a posição vertical e/ou ainda partindo da posição vertical passando para decúbito dorsal (na horizontal com o corpo estendido, abdome voltado para cima) e retomando a posição vertical.

Em outras palavras, executar a flutuação ventral e dorsal parada e com deslizamentos, sem auxílio, controlando sempre a respiração.

Flutuação em decúbito ventral

A criança, para assimilar a passagem da posição vertical (em pé) à horizontal (decúbito ventral, "deitado de barriga para baixo") e retomando à vertical, deverá fazê-lo inicialmente com as mãos apoiadas.

Esse apoio poderá ser a borda da piscina (nível da água jamais superior a 0,10 m em relação à superfície, a fim de evitar uma sobrecarga na região lombar) ou o auxílio do professor dentro d'água.

Nota: Algumas academias adotam como filosofia a obrigatoriedade do professor estar sempre dentro d'água com a criança. Dependerá das condições citadas para o trabalho. Concordo que nas fases iniciais de adaptação e deslocamentos o professor deverá auxiliar o aluno, se necessário, mas não a ponto de ficar permanentemente dentro d'água. Caso isso ocorra, haverá uma dependência entre aluno e professor, dificultando a sua liberdade. Vale ressaltar a sensibilidade do profissional atuante em não permanecer dentro d'água e sim fazer com que a criança execute os movimentos, independente da presença do profissional dentro d'água.

A posição correta de flutuação sem apoio

O corpo deverá estar na horizontal, totalmente descontraído, na superfície, com pernas e pés estendidos ligeiramente afastados, mantendo os braços ao longo (ao lado) ou no prolongamento (estendidos à frente) do corpo, estando a face submersa, voltada para o fundo da piscina.

Seqüência dos exercícios para aprendizagem da flutuação ventral

A série de exercícios, descrita a seguir, deve ser feita numa piscina com profundidade máxima de 0,75m:

1) Dentro d'água, pés no fundo, mãos apoiadas na borda ou no professor, mantendo os membros superiores (braços) fletidos e a face voltada para a frente (sem colocá-los na água), observando e escutando os comentários do professor. Manter os pés apoiados no fundo da piscina.

2) Em pé, mãos apoiadas, membros superiores fletidos (braços), elevação alternada de um dos membros inferiores (pernas) estendidos, até a superfície, observar e solicitar ao aluno que faça a flexão da perna ao retorno, essa flexão ocorrerá trazendo o joelho em direção ao peito, até o ponto em que o pé esteja na linha da cintura para poder apoiá-lo no fundo.

3) Mesma posição inicial do exercício anterior, executar elevação simultânea dos membros inferiores (pernas) até a superfície. Enfatizar no retorno dos membros inferiores em serem fletidos em direção ao peito e, quando os pés situarem-se na linha da cintura, apoiá-los no fundo; caso haja dificuldade em apoio de mãos, deve-se apoiar uma na borda e a outra abaixo da superfície.

4) Repetir o exercício anterior, acrescentando, após a extensão dos membros inferiores (pernas), a flexão e extensão dos membros superiores (braços) simultaneamente sem soltar do apoio e retomar a posição em pé. Manter ainda a face fora d'água, para maior atenção nos comentários do professor.

5) Executar a seqüência de exercícios do número um ao quatro com a face dentro d'água. Antes de efetuar os exercícios, deverá ocorrer o bloqueio respiratório (inspiração do ar pela boca, retendo-o até sua execução, posteriormente a expiração do ar será feita pelo nariz e/ou a boca dentro d'água). Outros colegas sugerem não haver a retenção do ar durante a execução dos exercícios, ou seja, a expiração ser feita progressivamente.

Caberá ao professor verificar em qual situação o aluno se adapta melhor. Observar para que a cabeça não permaneça submersa durante a execução do exercício, mantendo o nível d'água ao redor das orelhas. Certificar-se de que a criança mantém os olhos abertos na execução e também enfatizar que a cabeça é a primeira parte do corpo a entrar na água e a última a sair, evitando o desequilíbrio.

Após o trabalho de como permanecer na flutuação ventral e assimilar a mecânica de movimentos que o levam e trazem à superfície com as mãos apoiadas, poderemos acrescentar a retirada progressiva do apoio.

Os exercícios para retirada do auxílio (apoio) podem ser feitos repetindo a seqüência inicial da flutuação ventral; mantendo apenas uma das mãos apoiadas, fazer com que o aluno, após a extensão dos braços, desprenda uma das mãos, deixando-a totalmente descontraída. Nesse momento, involuntariamente, o aluno fará com que a mão afunde ao trazer as pernas e pés em direção ao peito para apoiá-los no fundo da piscina.

Deve-se verificar sempre durante a execução desse exercício que a cabeça permanece dentro d'água até o apoio dos pés no fundo da piscina.

Alternar as mãos de apoio até que a criança tenha total domínio do movimento.

Caberá ao professor fazer a criança sentir-se capaz de executar seus movimentos totalmente independente.

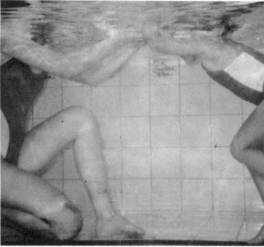

Muitos autores aconselham, como alternativas à execução destes exercícios, que a criança permaneça afastada da borda da piscina, com os pés apoiados no fundo, desequilibre e deslize o corpo para a frente, até apoiar as mãos na borda ou no professor. Não esquecendo de finalizar com a seqüência de movimentos para retomar a posição em pé. A cada repetição do exercício, a criança se afasta da borda, aumentando a distância para o desequilíbrio e o deslize.

A criança, vendo-se capaz de deslizar, terá condições de voltar à posição em pé, sem o apoio das mãos na borda ou no professor.

Partindo-se dessas condições, o professor poderá criar outras situações diferentes, submetendo a criança a desenvolver mais sua capacidade.

Flutuação em decúbito dorsal

Normalmente é chamada flutuação de costas ou ainda, no mais popular, com abdome (barriga) voltado para cima. Essa variação faz-se necessária, pois ocasiona à maioria dos alunos uma posição mais cômoda, já que a sensação de estar com a face (rosto) voltada para cima facilita a respiração.

Mesmo assim, às vezes, torna-se desconfortável, para algumas crianças e adultos, devido a não terem consciência local em que se situam na piscina, e ainda, à dificuldade de ficarem na posição correta para retomarem a posição em pé.

Posição correta na flutuação em decúbito dorsal

O corpo deverá estar na horizontal, totalmente descontraído, na superfície, com pernas e pés estendidos ligeiramente afastados, mantendo os braços ao longo (ao lado) ou no prolongamento (estendidos à frente) do corpo, ligeiramente afastados, e com a face voltada para cima.

Seqüência pedagógica para a aprendizagem da flutuação em decúbito dorsal

A série de exercícios deverá ser feita obviamente na mesma piscina descrita anteriormente.

O controle respiratório deverá ser sempre enfatizado, mesmo sendo a flutuação dorsal, pois a inspiração do ar continuará sempre sendo feita pela boca, e a expiração pela boca e nariz ou ambos:

1) Em pé, com os pés apoiados no fundo da piscina, braços ao lado do corpo, caminhar para trás.

Nota: Para alunos que possuem dificuldade no deslocamento, o professor deverá permanecer atrás do aluno, sem auxiliá-lo inicialmente.

2) Caminhar para trás, de forma que o nível d'água fique na altura do queixo, também sem auxílio. Enfatizar o controle respiratório, manter os braços ao lado do corpo.

3) Caminhar para trás, com o nível d'água na altura do queixo, elevando uma das pernas estendidas à superfície retornando-a para caminhar, braços ao lado do corpo.

Nota: Caso a criança apresente insegurança, o professor deverá posicionar-se, na lateral ou atrás, para fornecer apoio à cabeça, com as mãos (chamado de travesseiro).

Não esquecer de frisar para a criança, ao retornar à posição vertical, que deverá impulsionar a cabeça para a frente, para cima, de modo que se aproxime ao máximo dos joelhos, mantendo os braços ao lado do corpo.

4) Caminhar para trás, com o nível d'água na altura do queixo, elevando as pernas alternadamente estendidas, mantendo uma delas apoiada no fundo da piscina e retornando à posição vertical. Nesse momento, a cabeça encontra-se um pouco mais inclinada para trás, com o nível da água ao redor das orelhas, ocasionada pela maior comodidade do corpo e um maior tempo de permanência de uma das pernas na superfície.

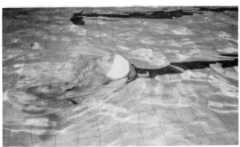

5) Repetir o exercício anterior elevando o abdome, mantendo os pés no fundo da piscina, se possível caminhando para trás. Mantendo o abdome e a coxa, se possível, na superfície. Procurar manter o abdome descontraído para facilitar o deslocamento, com ou sem auxílio.

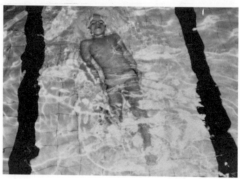

Notas: a) Para criar uma maior facilidade, da passagem dorsal à vertical (em pé), o professor dará um leve impulso na região cervical (parte posterior da cabeça e do pescoço), tendo sentido de baixo para cima e na direção dos joelhos; b) Outra manobra feita pelo professor, para maior facilidade na flutuação, é utilizar uma das mãos, na região lombar, como apoio, e a outra na região cervical (parte posterior da cabeça e do pescoço).

Esses auxílios devem ser feitos somente se necessário, evitando tornarem-se rotina.

6) Agachado, com os pés apoiados no fundo, desequilibrar e deslizar para trás, suavemente, elevando o abdome e as pernas simultaneamente até a superfície, procurar manter o corpo descontraído, retornar à posição inicial, após a execução. Nesse momento a criança estará praticamente executando a flutuação dorsal (de costas). Caso haja necessidade de auxílio, ele deverá ser o mínimo possível; somente deverá ocorrer se houver muita insegurança por parte da criança.

7) Há necessidade de repetir várias vezes o exercício anterior, em locais diferentes, fazendo com que a criança tenha total domínio.

Nota: Alguns professores de natação solicitam às crianças, na passagem horizontal (decúbito dorsal) para a vertical (em pé), que façam um movimento simultâneo com os braços e as mãos, de forma a passarem pela parte posterior dos membros inferiores (coxas e pernas) e a cabeça acompanhando o trajeto do tronco, tentando colocar o rosto na água próximo aos joelhos; posteriormente apóiam os pés no fundo da piscina.

As variações dos exercícios devem ser feitas para as crianças terem maior motivação e, principalmente, com o tempo, serem submetidas a dificuldades progressivas, como:

1) De pé na piscina, executar a flutuação ventral passando à dorsal e vice-versa, sem necessitar de apoio durante a transição, retornando à posição inicial.

A passagem é feita através de um movimento conduzido e impulsionado de um dos membros superiores (braços) sobre o tronco, tentando pegar um objeto imaginário com a mão, na parte posterior do corpo (costas).

2) De pé na piscina, com as costas tocando na parede, e apoiando um dos pés na mesma e o outro no fundo, impulsionar o corpo à frente, deslizando o mais longe possível, executando a flutuação ventral, posteriormente dorsal, repetindo o exercício anterior e retornando à posição vertical.

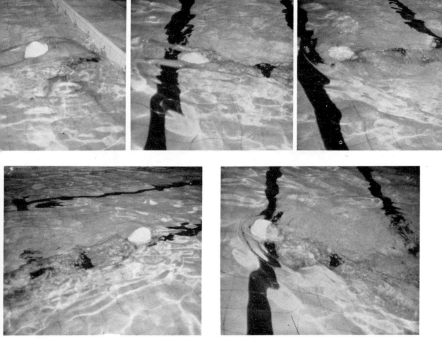

3) Executar o mesmo exercício anterior abraçando os joelhos, após a flutuação ventral, finalizando com retorno à posição vertical.

4) Executar o mesmo exercício anterior, modificando a posição de flutuação ventral para dorsal.

5) Dentro d'água em pé e de costas para a piscina, apoiar as mãos na borda, e ambos os pés na parede, abaixo do nível da água, impulsionar o tronco para trás, suavemente,

mantendo os braços ao lado do corpo, tentando deslizar o mais longe possível e permanecendo na flutuação dorsal.

Nota: No momento em que o corpo estiver deslizando normalmente, estando um pouco baixo ou em algumas situações na superfície, o professor terá que alertar a criança para executar a expiração pelo nariz, evitando que a água penetre pelas narinas.

6) Parafuso, variação do exercício anterior. Tentando fazer com que a criança, após o impulso, execute giros sob seu próprio eixo longitudinal e retorne à posição em pé.

Capítulo 6

Domínio total do corpo na água

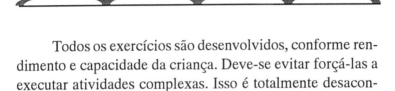

Todos os exercícios são desenvolvidos, conforme rendimento e capacidade da criança. Deve-se evitar forçá-las a executar atividades complexas. Isso é totalmente desaconselhável, pois nós mesmos, adultos, não suportamos determinadas pressões.

Para completar, possuindo um total domínio, há necessidade de enfatizarmos o trabalho respiratório (inspiração do ar feita pela boca fora d'água, e a expiração dentro d'água através da boca, nariz e ainda os dois ao mesmo tempo) já mencionado anteriormente, mas ainda não explorado totalmente.

Dessa maneira há uma necessidade da observação referente a essa evolução e, ao mesmo tempo, fazer com que a criança se sinta capaz de executar exercícios mais complexos, ou seja, expô-la a passar por situações diversificadas e complexas de uma forma simples e indiretamente, através de desafios, entre o professor e aluno ou até entre as demais crianças da aula.

Recreação com jogos e exercícios dirigidos são uma boa alternativa para completar o domínio respiratório, além do controle corporal na água. Manter uma criança com atenção e participação nas atividades, além de expô-la a várias situações, são os objetivos a serem alcançados nessa fase.

Há, no entanto, academias que não adotam recreação dirigida como conduta, ocasionada pelo pouco número de alunos, um ou dois no máximo por aula, ou por não acreditarem que a criança dentro dessa faixa etária esteja apta para ser submetida a essas atividades.

Gostaria de esclarecer, devido ao grande número de informações, que são passadas direta ou indiretamente para a criança, desde o nascimento (através dos pais e dos meios de comunicação), ela pode sentir inicialmente que já domina determinadas tarefas ou situações e sente ser capaz de tentar novas experiências.

Desta maneira poderemos proporcionar a todo instante, sem prejudicar as fases de crescimento, situações mais diversificadas e em conjunto com outra criança, podendo aprender desde cedo a respeitar as regras, convivendo com outras crianças em harmonia.

Nesse momento, o professor exercerá uma função de liderança mais atuante, solicitando à criança executar em conjunto as tarefas. Essas tarefas nada mais são do que situações dirigidas modificadas (através de recreação) para podermos avaliar qual o ponto falho, não desenvolvido, nas fases anteriores.

Caberá ao professor, durante as próximas aulas, retornar aos pontos falhos sem prejudicar o rendimento das outras crianças, complementando e aprimorando suas dificuldades.

Cria-se nesse momento uma situação embaraçosa para o professor, pois terá situações diferentes, com crianças diferentes, na mesma faixa etária ao mesmo tempo.

Uma das alternativas para resolver esse problema é criar horários diferenciados para as diferentes seqüências do aprendizado (adaptações) ou, ainda, que exista mais um professor na mesma aula.

Resolvidas essas circunstâncias, pode-se mostrar como se trabalha com criança, com jogos e ou exercícios dirigidos em conjunto, não esquecendo do trabalho respiratório:

1) Corridas dentro d'água — individual, em dupla de mãos dadas, etc.

2) Corridas com obstáculos — *cross* dentro da água, com materiais flutuando, passa pela lateral, por baixo e por cima, etc.

3) Passagem pelo túnel — poderá ser feita na superfície, ou submersa. Normalmente, o professor cria com parte de seu corpo uma espécie de ponte imaginária, e a criança deverá passar sob a mesma.

4) Saci na piscina, individual, em dupla e em trios — apoiando-se em uma das pernas, o professor solicita ao aluno deslocar-se numa determinada direção.

5) Bolinhas de ar, em diferentes níveis de profundidade — executar a expiração à superfície e abaixo da mesma, estacionário e posteriormente caminhando.

6) Deslizamento com ou sem material — através de um impulso feito com os pés apoiados no fundo ou na piscina, ir o mais longe possível, tanto na posição ventral quanto na dorsal.

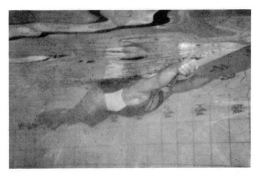

7) Reboque em dupla — uma criança caminhando com os pés apoiados no fundo, puxar a outra em diferentes posições de flutuação, ventral e dorsal.

Posição ventral *Posição dorsal*

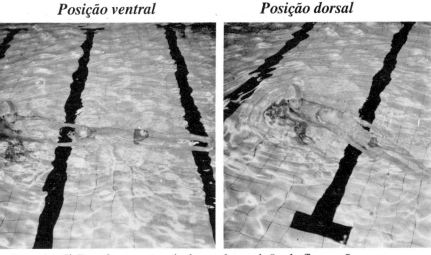

8) Parafuso — partindo-se da posição de flutuação ventral ou dorsal, solicitar à criança que gire alternadamente sobre o seu próprio eixo.

9) Andar de pato — caminhar com as pernas flexionadas.

10) Saltar em pé, partindo-se da borda da piscina — inicialmente parada, posteriormente com corrida.

Existe uma grande variedade de exercícios complementares. Caberá ao professor criar outros para atingir a tal adequação entre a criança e a água.

Capítulo 7

Deslocamento sem auxílio de apoio dos pés no fundo

A criança, só tendo domínio total do corpo na água, começará a desenvolver movimentos que serão úteis, não só para completar a sua adaptação, mas também para auxiliá-la em piscinas de maior profundidade.

Assim, mediante movimentos de execuções simples e circulares com as mãos, similares aos realizados pelos animais (exemplo: cachorrinho, ou pedalar com as mãos, são os mais conhecidos), facilitam a compreensão da criança.

O auxílio do professor somente será necessário se a criança mostrar algum receio. A ajuda deverá ser feita apoiando-se apenas uma das mãos no abdome, inicialmente à frente do aluno e posteriormente posicionando-se na lateral (a mais indicada para adultos), após total compreensão por parte da criança.

Seqüência de exercícios em piscina rasa

1) Caminhando para a frente, com tronco ereto e pés apoiando-se no fundo, pedalar com as mãos no ar sem tocá-las na água.

2) Caminhando, com tronco ereto e pés no fundo, flexionando as pernas, pedalar com as mãos dentro da água, mantendo a cabeça fora dela.

3) Caminhando, tronco inclinado à frente, mantendo o quadril na superfície e pedalar com as mãos dentro da água, mantendo a cabeça fora dela.

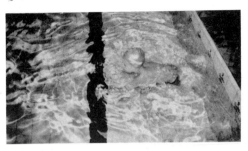

4) Cabeça fora da água, pedalar com as mãos, mantendo o tronco, pernas e pés submersos, de forma que os mesmos sejam arrastados, se possível.

5) Repetir o exercício anterior, solicitando à criança descontrair o corpo, de forma que tronco e membros inferiores sejam mantidos próximos à superfície.

Nesse momento a criança sentirá necessidade de movimentar as pernas. Normalmente isso acontece, sem maiores problemas. Esse auxílio a ser enfatizado deverá ser mostrado através de movimentos alternados de pernas e pés estendidos e descontraídos (para meninos, mostrar o movimento como se fosse chutar uma bola em cada pé com o peito do pé para o fundo, e para as meninas, um andar suave de bailarina). Não devemos enfatizar esses movimentos iniciais, porque trazem problemas futuros, pois os mesmos já são o início da pernada do nado de crawl.

Alguns professores adotam como estratégia sentar o aluno na borda e fazê-lo trabalhar as pernas chutando a água sem retirar os pés de dentro dela, para enfatizar o movimento de pernas.

Também para complemento usa-se o trabalho na borda em decúbito ventral, executando o mesmo trabalho de pernas.

É provável que a criança o assimile rapidamente, pois em exercícios anteriores já deverá ter observado em outra criança e tentará imitá-lo.

A criança, executando essa sustentação na superfície com deslocamentos, está praticamente apta para fazê-la na parte de maior profundidade da piscina.

As distâncias solicitadas para execução desse exercício serão determinadas pela capacidade da criança, lembrando que o objetivo é fazê-la deslocar-se sem apoio, não importando a distância.

Capítulo 8

Adaptação e deslocamento em piscinas com maior profundidade

As academias que possuem apenas uma piscina, com profundidade em graduações diferentes, facilitam em parte a continuidade do trabalho, pois a criança já está familiarizada com a piscina.

Outras academias, que possuem mais de uma piscina para desenvolvimento das aulas, necessitarão, em alguns casos, de um tempo maior para a criança familiarizar-se com as mesmas.

Alguns professores fazem, durante as etapas anteriores, visitas periódicas com as crianças à parte de maior profundidade. Assim, o receio é retirado aos poucos, sem que a criança o perceba, auxiliando totalmente o desenvolvimento dos objetivos traçados.

Em ambos os casos, de possuir uma ou duas piscinas, o procedimento deverá ser idêntico para diferentes situações. Fazer a adaptação e contato com profundidades variadas desenvolve na criança uma maior autoconfiança.

O professor, nas aulas iniciais de adaptação à piscina funda, deverá tentar permanecer inicialmente fora d'água, desenvolvendo com evidência a capacidade do aluno já adquirida sem auxílio do mestre.

Após algumas tentativas, caso a criança não seja capaz de executar o solicitado ou ainda tenha receio, o professor

73

deverá entrar na água para o mínimo de auxílio, a fim de criar condições psicológicas para a tarefa.

Seqüência pedagógica para adaptação

1) Entrada pela escada, estando de costas para a piscina, apoiando ambas as mãos no corrimão da escada.

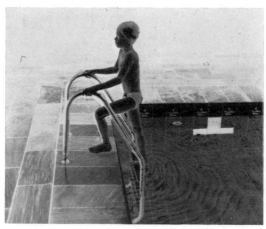

2) Com as mãos à borda (domínio respiratório), executando trabalho respiratório — inspirar o ar pela boca, fora da água, e expirar pela boca, nariz ou ambos abaixo do nível da água, mantendo o corpo reto.

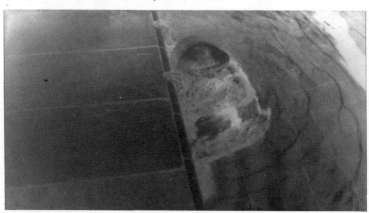

3) Com as mãos à borda, deslocamentos laterais, sem execução do trabalho respiratório.

4) Repetir o exercício anterior, executando o trabalho respiratório (bolinhas no fundo).

5) Tentar colocar os pés no fundo sem retirar as mãos da borda.

Nota: Caso o aluno apresente dificuldade, o professor deverá estar sempre próximo ao aluno (apenas para um reforço psicológico).

6) Colocar os pés no fundo soltando-se da parede, posteriormente tentar impulsionar para cima, executando a expiração em baixo da água, e retornando à posição inicial.

Nota: Esse impulso poderá ser feito após os pés tocarem o fundo da piscina ou, ainda, com os movimentos circulares de mãos (cachorrinho em pé).

7) Desenvolver o trabalho suave de pernas na vertical com as mãos à parte.

sem e com auxílio do professor

8) Repetir o exercício anterior com o trabalho de pernas acrescentando o movimento circular de mãos (pedalar) na vertical. Manter a cabeça acima do nível da água.

9) Cachorrinho — tentar executar o deslocamento, mantendo a cabeça fora da água. Tronco e membros inferiores quase na superfície.

sem auxílio *com auxílio*

10) Repetir o cachorrinho em diferentes direções.

11) Saltar da borda em pé, executar o cachorrinho para retornar à mesma.

12) Repetir o exercício anterior sem a presença do professor na piscina.

Este livro foi impresso na
LIS GRÁFICA E EDITORA LTDA.
Rua Visconde de Parnaíba, 2.753 — Belenzinho
CEP 03045-002 — São Paulo — SP — Fone 292-5666
com filmes fornecidos pelo editor